Franziska Müller

Zi
tron
en

Zi   Zi   Zi   Zi
tron   tron   tron   tron
en   en   en   en

Zi   Zi   Zi
tron   Zi   tron   tron
en   tron   en   en
     en

B
Ä
U
M
E

Gedichte

Books on Demand, Norderstedt

Bibliografische Information der Deutschen Nationalbibliothek:

Die Deutsche Nationalbibliothek verzeichnet diese Publikation in der Deutschen Nationalbibliografie. Detaillierte bibliografische Daten sind im Internet unter http://dnb.dnb.de abrufbar.

© 1. Auflage Franziska Müller 2019

Kontakt: Zitronenbaeume@gmx.de

Herstellung und Verlag: BoD – Books on Demand, Norderstedt

ISBN 978-3-749481569

Für K und T, meine Augensterne.

Meinen Freunden und meiner Familie...

Ich danke I. D. Schmengler.

Prolog (wie alles begann...)

Ein Lebensgedicht

Das Leben ist wie ein blühender Garten.

Er macht viel Arbeit,

man rackert sich ab,

man hegt ihn

und pflegt ihn

und dann muss man warten,

auf Regen und Sonne

auf gutes Gedeihn.

Sie kommt über Nacht,

die herbeigesehnte Pracht.

Ist das einen Wonne

der blühende Garten

Obstsalat

Es war mal eine Banane
Die war schon ganz braun und krumm
sie lag da so ganz faul
in ihrem Obstkorb rum.

Da kam eine Frau auf Diät,
sie las in der Kalorientabelle
und nahm der Banane ihr gelb-braunes Kleid.
Sie aß sie auf die Schnelle.

Die Rosinen war´n nicht von hier
sie kamen aus der Tüte.
Als die Mutter das Preisschild sah,
rief sie: „Du meine Güte!"

Der rote Apfel zierte sich sehr,
er wollte nicht in den Salat.
„Jetzt hab ich mich extra in Schale geworfen."
Er fand es nicht sehr delikat.

Die Nüsse hatten auch keine Lust,
sie wollten nicht aus ihrer Schal.
„Sind wir denn beknackt?", fragten sie.
Was soll´s, ´s war eh zweite Wahl.

Sie lagen da in ihrem Saft
da drinnen war´s ja auch warm.
Die Mandarinen freuten sich:
Der Büchsenöffner kam.

Der großen Banane Zwillingsschwester
(man sah´s ihr an, sie glich ihr sehr)
war auch schon ein etwas ält´res Semester
sie wollt´ nicht hinein und legte sich quer.

Dass sie in der Schüssel gelandet sind
da hat jemand wohl getrickst.
Sie lagen da alle, so wie sie waren:
beknackt und schäl und ausgebüchst.

Verwechslung

Vor dem Supermarktregal stand ich

und stutzte:

Da stand eine Sprühdose

auf der stand

TIGER .

Was da wohl drin ist?

Ist's für die Füße,

ist's für das Haar,

ist es für die Zähne gar?

Außerdem

stand noch drauf:

Vor Gebrauch gut schütteln!

Sollt ich wirklich mal dran rütteln?

Nachher ist's

ein Tiger aus Schaum

so groß wie ein Baum

mit 'ner riesigen Pranke.

Da kam mir der Gedanke

was wohl die Inhaltsstoffe wären

(ob sie vielleicht noch gären?)

Drum drehte ich die Dose rum

und guckte dann wohl ganz schön dumm.

Drauf stand:

S C H A U M F E S T I G E R

Ein Tiger mit Pranken

muss selten tanken

Er ist flink wie ein Wiesel

drum tankt er

(wenn er tankt)

Diesel.

Abend (2)

Die Boote

liegen wie schwarze Scherenschnitte

inmitten meiner Collage

aus glänzender Knisterfolie, die den Vollmond

wellengekräuselt zurückwirft.

Sanft bewegte Luft wispert im Laub

der dunklen Bäume.

Vereinzelte Stimmen gleiten vorbei,

gedämpft.

Spring.

Spring doch!

Warum springst Du nicht?

Mach endlich!

Komm schon.

SPRING!!!

(Daß der eigene Schatten

so unüberwindbar sein kann).

Ansichten

von oben

von unten

von links

sthcer nov

f
p
o
K

m
e
d

f
u
a

n
o
v

Hüglige Wiesen

Hüglige Wiesen
Mitten in der Stadt,
Hüglige Wiesen mit Bäumen.

Hüglige Wiesen mit Bäumen
und rot-buntem Herbstlaub.
Und Grabsteinen
die hebräisch sprechen.
Der Wind spielt mit Laub
Die Sonne wärmt noch.
Fried-Hof.

Leibgericht

Oma

Deine Bohnensuppe

ein Gedicht

mit etwas Milch

und einem Schuss

Magie

(...inspiriert von Hans Manz;-)

Es war Weihnachten,

da die Kinder sich

auf die Geschenke stürzten

und der Vater

nebenher Fernseher guckte

und die Mutter

stumm in der Sofaecke saß

und die Kinderpflaster

plätzchenmampfend

inmitten

eines Geschenkpapierberges hockten.

Ob Weihnachten war?

Der Kloß

Der Kloß,

den ich im Hals hab,

den hab ich nicht verschluckt;

er löst sich nicht leicht auf,

er wid nicht ausgespuckt.

Der Kloß,

den ich im Hals hab,

ist nicht aus Kartoffelmehl.

Daß er aus Tränen ist,

daraus mach ich keinen Hehl.

Der Kloß,

den ich im Hals hab,

der kommt da langsam raus,

denn wenn ich einmal weine,

löst er sich schließlich auf.

Gebrauchsanweisung I

Hab Geduld,

wenn die Untertassen

auf Tiefflug waren

und Zeit für Versöhnung ist.Manchmal braucht man

noch Zeit zum Grummeln.

Nobody

In the streets

Going

Home

Tonight

Weißt Du...?

Weißt Du,

daß ich Dich

geliebt hab

schuljahrelang?

Als ich es

Dir sagen wollte,

kam es mir nicht

über die Lippen.

Weißt Du,

daß ich Dich

geliebt hab

schuljahrelang?

Als es

aus mir rausplatzen wollte,

war es nicht

der richtige Augenblick.

Habe nie

riskieren wollen

zu zerstören

was da war.

Es ist,

als ob zwei Menschen

nur eine hanbreit

von einer Vase ntfernt

stehen,

die sie fallen sehen und

jeder denkt:

Der andere soll sie doch auffangen.

Sie

zerbricht.

Oma, die zweite.

Ein Plausch

mit Dir

am Küchenfenster

wie

in alten Zeiten.

Feuerwerk

zischt

pfeift

kracht

-Raunen-

geht hoch mit

durchdringendem

Pfeifen

schießt hoch

streut Feuerblumen

sprüht Funken

-Leuchten in den Augen-

leuchtet

spräuselt

explodiert

regnet Farben

verglüht

in der Nacht.

unendlich

zwischen

eins und

hundert

liegen unendlich

viele Zahlen.

Zwischen nullkommanullnulleins

und

nullkommanullnulleinseins

auch.

unendlich II

kein Anfang

kein Ende

dreh mich im Kreis

und das alles

obwohl ich weiß:

Du willst nicht

Doch spür ich doch was

wenn wir zusammen sind

jede Wimper

die mein Atem fortträgt

DIR gewidmet.

Tröte, widergespiegelt

In Duisburg findet etwas statt,
wovon der Spiegel berichtet hat:
Die Türken rufen duch Lautsprechertüten,
wenn´s mal wieder Zeit ist zum Beten.

Die Christen aber stört jenes sehr,
sie woll´n keine Muezzinrufe mehr,
verteidigen heftigst ihr Revier
gegen gläubige Türken, die – unverschämt! – hier,
vor evangelischen Kirchentüren
den Ruf zu ihrer Moschee durchführen.

„Sie wollen sich gar nicht integrieren",
so steht´s im Koran, den die Christen zitieren,
und in Koranschulen, die Flugblätter,
wettern gegen andersgläubige Verbrecher.

Wer da übertreibt, wer weiß es schon?
Die Türken, die gegen die anderen hetzen,
mit Lautsprechergesängen die Stadt besetzen?
Die Christen? (Ihr Luther selbst warnte vor Jahren, der
Koran werde entsstellt,
das Schelchte zitiert, das Gute verschwiegen,
je nach Verwendung und ganz nach Belieben.)

Auch die Politiker, die Gelegenheit nutzend,

verdammen die Türken gleich alle im Dutzend,

besonders die der CDU

wolln Rot absetzen, ehne mehne Muh,

wer wird Bürgermeister, was kommt bei rum?

Das Credo wird zum Politikum.

Sogar der Kadi wurde befragt,

die letzte Entscheidung aber vertagt,

nur soviel (der Pastor wird bleich):

Vorm Gesetz sind Glocken und Lautsprecher gleich.

Befragt man einen Fahrer von Möbeln,

werfährt man: Dem Ulli liegt nichts am Pöbeln;

wenn er sagt: Mach die Tröte aus!,

macht Ali sich nichts draus – und aus.

Na also, da klappt die Verständigung,

wenn´s sonst nicht gelänge

–wär´schade drum.

–

(in Anlehnung an den Spiegel-Artikel

`Ali, mach die Tröte aus!`, Spiegel Nr. 46/1997)

Liebster

Dein Körper

une carte de géographie;

Sehe

Deine Lachfältchen

Die Grübchen und den Mund

Verweile

Lange

Bei Deinem Herzen

Ziehe

Dann weiter

Südlich

zum

Nabel der Welt

Vorbei an

vielverzweigten Flußsystemen,

Die von Dir erzählen.

verkehrte welt

erst wenn

lasierte astern sich an

verwelkte jägerzäune lehnen und

verfärbte stämme von

herbst-kahlen blättern fallen

erst wenn

der schwachglänzende himmel die

nachtschwarzen sterne überdeckt und

die vollwolkendecke nur noch unregelmäßig durch

den zerklüfteten mond lugt

erst wenn

unbändige ufer

felsige ozeane verschlingen und

das zähflüssige meer in

dann zischender lava erkaltet.

Vorrat

Laß uns

Einen Teil der

Süßroten Kirschen unserer Liebe

Heiß einkochen

Einwecken

Bewahren

Konservieren mit

Ganz viel Zucker für

Schlechte Zeiten

Damit wir davon

Zehren.

In Sachen Liebe

bin ich ein

Hasenfuß:

will blitzschnelle Haken schlagen

doch

flüstert mein Verstand

Bleib

Du weißt doch

was

Dir

Dein Herz klopft

sooft Du ihn siehts

oder an ihn denkst.

Weil

das Zimmer der

Gefühle

bisher sparsam

möbliert war

kann es sein dass

die Tür etwas

klemmt.

Tritt ein

mein Sonnenschein

(notfalls durchs Fenster)

und nimm

den ganzen Raum

ein.

Freundschaft:

ist wie

eine Eisdecke

von der man nicht

weiß ob

sie halten wird.

Wenn

sie am Rand

hält

traut man sich

immer

ein Stückchen

weiter raus.

Oder Liebe:

so dass man

-schließlich-

mitten auf dem See

sachte

tanzen kann.

Unsere Kinder:

Wenn

wir auf sattem

mit Löwenzahngelb verwobenem

Grasgrün liegen

und

der Wind die Schiffchen der

Pusteblumen

fortträgt...

HAPPY schon

aber bitte

ohne

END...

Gebrauchsanweisung II:

Einen

Schatz

findet man mit

Schlittschuhen als Pfand.

Korrektur:

Wusste nicht, dass

Liebe ein

Verfallsdatum hat -

Tut so weh.

die Stimmung kippt

gratis

kostenlos

umsonst

vergeblich

lustig

witzig

komisch

merkwürdig

sonderbar

Das Leben

Ein Theaterstück ohne
Generalprobe

Gott:
Der Regisseur für
unsere tägliche
Premiere
schaut eher zu
als einzugreifen
tut
dies nur insofern, dass er die
Auf- und Abgänge
bestimmt

Was wir
zwischenzeitlich
daraus machen-
in *unserer* Hand?

My whole life
I will
respect you
worship you
and consider you
the most precious gift
ever -
was heißt `auf
Händen tragen`
auf Englisch?

Auf dem Weg

Auf dem Weg

zum Bahnhof:

Beim Gedanken an

das Ziel

wippt

mein tonnenschwerer Rucksack

federleicht auf

meinem Rücken und

beschleunigt meine Schritte:

nach Hause.

Es

lebt sich

schlecht

mit

amputiertem

Herzen.

Oma III

Selbst

wenn

Du

nicht unsere einzige

Oma

wärst:

DU

wärst meine

Lieblingsoma.

verzeih,

ich habe

wieder

nichts

gesagt

aber Du

bist mein letzter

Traum dessen

Zertsörung ich nicht riskieren

will

lass uns

nicht aus den Augen

verlieren, ja?

Zwar dreht

sich die

Erde aber die

Welt

geht nach

vorne

oder: ein

Drehmoment

wirkt

auf die Erde aber

die Zeit lässt sich

nicht

zurückdrehen.

ungerecht:

dass die hinten

im buch stehenden

zeilen weniger beachtet

werden, überflogen nur

flüchtig gestreift weil

die vorherigen ihnen die

show stahlen und

der leser schon müde

und satt.

ungesagt

dass ich Dich liebe

ungeschrieben

dass ich an Dich denke

ungefragt

ob Du denkst, dass es einen Weg für uns gibt

nicht abgeschickt

den Bried, der Dir alles gestehen sollte

unverzeihlich

das ich mich wie immer mit Deinen Gefühlen

zurück

zog

Thank you

so much

You make me feel

as if it was

my birthday

I will never

forget this day:

today!

Liebster Schatz:

Bitte bleib Du

bist derjenige dem

ich Traum

zwei

widme.

Zum Advent

Kleine Stücke von Dir

verpackt in

dreiundzwanzig

Streichholzschächtelchen

und ein

großes im

Kamin ist

Feuer.

so far away

The distance, in fact, is not the issue
But that i long for you
And cry in my tissue
´Cause there´s no way for these few meters
(Well, the amount of my tears is growing to liters)

I must not surround you by any means
But you know that i would
Holdin you again could only do me good
Though never seeing you again might be the best

...And for the rest
It would be so great to see your face at my door but
Even
Carol knows it doesn´t help to know
And you´re not sure.

-46-

Morgens

und abends zu lesen:

der, den ich liebte hat

mir einmal gesagt dass

er

mich

liebt

– dann nicht mehr –

und nie,

dass er mich braucht.

Trotzdem gebe ich auf mich

acht oder

gerade

deshalb

(...inspiriert von Bertold Brecht)

ich glaubte

die unendlichkeit

zu spüren

übrig ist ein

schwarzes loch wo noch vor

kaputt*

vier wochen

das universum

existierte Du

bist schuld ich glaube

nicht mehr

ich glaube

nicht mehr an

uns ich glaube

gar

nichts

mehr.

***

* = *nicht ganz*

Halt mich

fest

ruhig

geborgen

vom Essen ab

Liebe

ist

gelb

Love

is´n

Yellow

Hausapotheke

Keine Chance für

Angreifer

mit Dir an

meiner Seite

always

strong ´n´ healthy

Liebe

Lachen

Langzeitvitamin

Du!

Hausapotheke II

Ananaswürfel

Trostpflaster

Nasenmeersalz

Wohlfühlbad

GuteLauneTee

Pfefferminzöl

Kichererbsen

Lachgummi

Kinderpflaster

Heilsalbe

whatever happens

komm vorbei für Dich

open every hour

every day

every year -

i have never been

laughing so much it´s

healthy

makes me strong i

feel like I´ve never felt before

you are the

one but not free at all

i won´t disturb it das

hat sie nicht

verdient ich bin

wahrscheinlich nur die Pobe fü Euch ich

mach es Euch

nicht schwer

versprochen.

Hey! Stop! Warte!

Lass uns

– bitte -

reden;

Meineorchideeistnochnichtreisefertigdas

zimmernochnichtgekündigtdevertrag

nochnichtunterschrieben

warte!

IchfrageDichwoDeinezukunftliegtraumzeit

wohinwillstDu

lassredenlasssehen

lass

Uns

sehen!

Lass es

Liebe sein aber

lass

Liebe

nicht

sein!

wo ich arbeite

gibt es

maulaffen

engel

elfen

gute geister und

sagenhafte

feen.

Es wird Sommer...

Gespenster vertreiben

und

unruhigen Geistern ein Zuhause geben!

Wir müssen

es

schaffen aus eigener

Kraft:

Quetschen

Mirabelle

Liebe:

Wir nehmen den Sommer mit!

Damit

das gesprochene Wort kein

vergängliches

bleibt

verwandle ich es in ein

bleibendes

und

schreibe

es

auf:

Wertvoll

Zwischen den Jahren

nachts halb drei in
Rhein-Main die
Nacht schläft die schon
fast morgenrot er-
leuchtete Nacht
ist weich und weiß die
Autos haben Hauben auf
den Hauben -

die Äste zucken nicht mit ihren
Wipfeln als wollte sie nichts-
aber auch nichts-
von ihrem Besuch verlieren:

die Zeitung vom Vortag, deren
Bezieher noch verreist, trägt
auch eine Haube.

Wenn...

Wenn

Du da

wärest

würde ich den

Schlaf vieler Jahre

nachholen weil

ich zu Hause

wäre und

endlich

wieder ruhig schlafen

könnte.

partout

Wenn Du

- partout -

gehen wolltest

ich müsste Dich

lassen (nicht gerne!) aber

viel lieber

behielte ich

Dich hier.

Bei mir

gibt's

Kaffee.

WennII

Wenn Du klingelst werde ich
Dich nicht wegschicken.

Wen sich unsere Schultern zufällig
berühren werde ich
nicht zurückweichen.

Wenn sich unsere Blicke streifen werde ich
versuchen dem Deinen
standzuhalten.

Wenn Du mich anlächelst will ich
lachen und Dich
(in den Arm)
nehmen.

Sind

Deine Küsse

ehrlich?

Halten

Deine Blicke

den meinen

stand?

Bist Du

wirklich hier wenn

Du da

bist?

Lies (Gebrauchsanweisung III)

Lies mal

lies

das doch mal

nur wenn du

das

erste Wort einer Zeile nur das

allererste Wort davon liest ergibt das

Wort

jeder

Zeile dann auch noch einen Sinn?

Konstante

Ob Wolkentief

ob Sonnenschein

ob Bodenfrost

oder blühend´ Gedeihn

ob Wintermantel

oder Sonnenbrille

übellaunig

oder guter Wille

Sinfonieorchester

oder Rockkonzert -

Du bist es

den mein Herz begehrt

weil Du mich lässt, und,

ob Winter- oder Strandurlaub

und - mit Verlaub -

sowohl verehrst

als auch begehrst

nach dem mein Herz -

bist Du fern -

verlangt,

um den es bangt

vor Freude hüpft

bist Du zurück.

Ja, Du bist es

den mein Herz begehrt

und der mich täglich Lieben lehrt.

Therapie

Ich hör auf

Herz

und

Hirn

damit

ich nicht im

Kreis lauf...

Jahresplaner

Mit spitzem Bleistift

plane ich die

nächsten fünf, zehn Jahre

mit

Plan B für den

Fall dass Du

kommst

und wohl wissend,

dass

Leben das ist was

passiert

während wir dabei sind

es

zu planen.

Kunststücke,

1 etwas sagen, ohne zu sprechen

2 berühren, ohne anzufassen

3 sehen, ohne zu schauen

4 sich bewegen, ohne zu gehen

5 auf sein Herz hören (und auf das Herz anderer)

Sprachtraining

Ich muss

Herz und

Zunge

trainieren

um diesen schweren

Sprachfehler

zu überwinden

Halt!

geben.-

a time

i don´t want to loose

what i think i have learned:

a time to loose

a time to fight

a time to have a family

a time to put it right.

A time to hope

a time of fear

but trust in you

will hold us dear.

-73-

Heiligabend im Krankenhaus

Ein Glückskind

bin ich die

Frau im

Foyer hat

mir

Blumen geschenkt...

Heiligabend im Krankenhaus II

festliches glockengeläut

und das brummen

meiner nachttischlampe

mischt sich mit dem

tatütata

eines einfahrenden

rettungsfahrzeuges -

sonst stille.

Trugschluss

Wer nicht will der

hat schon aber

ob der, der schon hat

nicht trotzdem

noch will...?

Liebe ist

...was zwei Menschen

daraus machen.

Du

hast

nicht nur die Gans

nein

hast

auch Dich

selbst

durch die Blumen

davon

gestohlen.

Zugfahrt

Längst gestreifte Berge

hellgrün

dunkelgrün

satt-

grüner

Wald

Kirche

Burg

Schloss

Fels

Fähre

Sandbank und

der Fluss

so blau

dass ich ihn liebe

dafür.

gelöchert

gepiekst und

vorgeschoben dann

Para gelaufen neu

gestochen

es läuft...

Verwandlung

oder:Zauber

Zeilen zu Versen

Sätze zu Strophen

jeder Tag ein Gedicht

mit Dir.

Extrakt EF oder:

Was es ist

Vorsicht!

Einsicht:

Es ist Liebe.

Gute Laune Drops

Gute Laune drops?

Meine Herren, wenn die

gute

Laune

kippt,

hat das Produkt seine

Wirkung verfehlt.

Geblieben

bin ich fürs Meer -

bekommen hab ich mehr.

I stayed to see the sea

and what I got was more.

Probleme

unterschiedlicher Art

Teller leer -

Riesenhunger!

Teller zu klein -

Riesenhummer...

Gleichung

Mann plus
Frau gleich
Liebe.

Nur wenn
Liebe
im Spiel
ist
wird
das

Kind der Liebe
ein
Liebeskind ein
liebes
Kind.

Variationen

Geliebtes
Bisschen Du
hast uns gerade noch
gefehlt -

Gerade Du
geliebtes
Bisschen
hast uns
noch gefehlt.

so viele

Duoderuoderduoderdu

wasunterscheidetdich

wasmachtdichbesonders

vorlauterbäumendenwald

nichtseheich

vorlauterbäumendenwaldnicht.

Hoffnung ist grün

ich hoffe

dass

wenigstens eine der

Kröten die zu

schlucken waren als

Frosch

wieder hervor

kommt -

der sich

nach dem

Küssen

verwandelt...

verlesen

Hörgräte

Handverlesen

Meine

in Deine

guten Hände

abzugeben.

Weihnachtsgeschenk

Apfel, Nuss und Mandelkern

ach, Dich hab ich gar so gern...

Museumsbesuch

Mein Herz so

groß

wie das des Sei-

Wals im Senckenberg-Museum:

Für Dich

ist

da

auch noch

Platz!

Das!

Oder: Der Unterschied

mit Dir bei Dir über uns lachen

ruhig sein

nicht weglaufen wollen

da sein

füreinander da sein

von Dir über Dich wissen wollen

Dir von mir erzählen wollen

mit Dir Wir sein wollen.

Identität

Oder:Wir

Dich DU sein lassen

ICH selbst sein

WIR sind wir

...und wir sind wer ;-)

even if

it´s the hard side -

I´ll try to walk on the

heart side

Schlechtes Timing

Schade

Du

warst

drei Jahre

zu früh.

lassen

Die Tür

nicht

aber

die Liebe

zu!

lassen II

die Tür auf

die Liebe zu

und von Dir nicht -

fortune

he leaves with

a

leaf of the

maiden hair tree...

bitter places and directions

He has left *me*

wondering

whether he is all *right.*

He left

nothing left

He is all right -

He left.

ungeteilte Liebe

Es gab sie schon die Liebe,

die nur den einen meinte -

Es gab sie schon die Liebe,

und nicht nur im Gedicht

doch teilte dieser eine

mit mir die Liebe nicht.

ungeteilte Liebe II

ich bin nicht so multitasking

ich lieb ihn vollkommen und gar

den, der mich sachte berührte

den lieb ich mich haut und haar

Phänomen II

(oder: elektronischer Busfahrplan)

ein mathematisches

wunder dass manche

minuten endlose

sechsundachtzig sekunden

dauern und die

nächste in nur dreißig

sekunden herunter

gezählt wird aber

wie schon

Albert Einstein

sagte:

Alles ist

relativ...

Hals über Kopf

Kopf über
Hals
über
Herz

Hals über
Kopf
ins
Herz

Herz
in die Hose
Hals über Kopf
vom Hals – der

Verstand
weiß nicht
was das Herz will
also

Herz über
Kopf
auf Hals.

Hoffnung

oder: Wunschmenü

Ich hoffe, dass die

nächsten Heringe, die

meine Zelte

halten

werden,

Fische von der Sorte

sind, zu denen

man Butter servieren kann.

He who sends us light

light in the spring
with exploding force in bloom

light in the summer
with the bright shining sun

light in autumn
with colourful leaves

light in winter
with reflecting snow

he
who sends us light
the entiere year

Sinn oder Unsinn

Verstand oder nicht

und immer

und immer

die Liebe

Streckentauchen

Du weißt nicht

ob Du es schaffst und

wie

aber

Du weißt dass

Du es schon

oft

geschafft

hast

mit neun zehn

elf

langen zügen das

Wasser liegt

ruhig und

blau

klar

auch der Mittelstreifen

vor Dir

Du:

tauchst ein

Collage: Was es ist

Lächerlich ist nur der

Stolz und

leichtsinnig ist

es, vorsichtig zu sein die

noch ausstehende

Erfahrung

wird uns zeigen dass

es

möglich ist,

wenn nur zwei

Menschen

und immer und immer

Es ist Glück und

Angst wäre ein

schlechter

Ratgeber hör auf zu rechnen

es ist aussichtslos wenn

Du keine Einsicht hast mit ihr

und immer und immer

Schizophren

Aus Liebe zu Dir

auf die Liebe zu Dir

verzichten.

Bauchlandung

im besten Sinne:

ich, und Du

gelandet

bei mir.

Augenzwinkernd

möchte doch nur
meine Ruhe haben aber
nicht allein -

möchte doch nur
mit
Dir
unsere Ruhe haben.

Kaffeetafel

Mit nicht weniger als

Kaffee und

Kuchen

aber bitte

mit Sahne-

häubchen:

So

wird's ein

Fest!

Traum-

wagen:

mit Sport-

ausstattung und

drei

Rädern und

Sonnen-

verdeck:

Kinder

wagen.

lassen III

Dich

wie

Du

bist

aber nicht

von

Dir ab -

Winter

S   S   S   S   S

  c   c   c   c   c

h   h   h   h   h

n   n   n   n   n

e   e   e   e   e

e   e   e   e   e

fällt

in

Echt-

zeit-

lupen-

tempo...

alles

sella

sella

alles

eine Frage der

Perspektive...

text message:

what about

(y)our plans?

Fundbüro II

Ohrring
Schlüssel
Liebe
hoffentlich!

Versuchskaninchen

Das ist

eine

extrem

schmerz-

hafte

Doppel-

blind-

studie die

einfach nur

entblindet werden müsste da

die beiden

Probanden längst ahnen

in welche

Arme sie geschlossen

werden könnten -

fragen Sie

einfach

Ihren Apotheker!

vertagt

gestundet

verjährt -

so unterschiedlich die Zeit.

Phänomen

Ich bin bei

der Arbeit hin-

gefallen.

Jetzt habe

ich

heilende

Hände.

Fundbüro

oder: Anantomie

Es

findet

sich

so manches wieder:

Ohrring auf Bürgersteig

Schlüssel auf Parkplatz

Herz

im Magen

Ohr im

Herzen

und die

Liebe

auch.

Mein schönstes Ferienerlebnis:

mit
Mamas Hilfe und
der
einer Leiter
Kirschen geerntet.

Andacht

Herr,

Du bist

meine

Herznahrung!

Zwiespalt

Glaube(n): ja

Kirche: nein?

Christ sein: ja

Liebe: trotzdem!

Schnell vergessen

muss ich Dich

ganz schnell

weil Du

bist wie die

Kirschen die

vollen

roten

süß sten

saftigsten

ganz

oben wo die

Sonne

scheint aber die

Kirschen unerreichbar

wachsen.

Meisterstück

Lieber Herr Goethe,

ich verrate Ihnen einen

Trick: Zwar war ich nicht in dem Land,

in dem die Zitronen

blühen, aber als ich aus dem

Urlaub (von zu Hause!) zurückgekommen

bin, waren meine Bio-Zitronen

gekeimt, deren Kerne ich lange

vor dem Urlaub in der Erde

vergraben hatte.

Was lernen wir daraus?

Wenn das Leben Dir eine Zitrone gibt,

1. mach Limonade draus

2. frag nach Salz und Tequila

3. verbuddle den Kern und

4. ernte später Deine eigenen!

eighteen

till i die und

straight from

the heart ist die

Zugabe -

Wetterleuchten

begleitet mich

auf dem

Nachhauseweg und

ein, zwei

Tropfen gesellen

sich

dazu das

Gewitter

ist fast schon da als

ich

nach Hause komme -

gut getimt, Bryan -

Und danke für diesen super Abend!

Glücksgriff

Du bist zwar

zweite

Wahl aber

aller-

erste

Sahne.

Er ist´s

(frei nach Eduard Mörike)

Du bist es

der mich zum

Lachen und Träumen bringt

Du bist´s

wenn Du ein

großkariertes

Herz hast

Du bist´s

wenn Du gut bist

zu

Deinem

Nächsten

Du bist´s

wenn Du glaubst

oder

mir meinen Glauben lässt

Du

der sagt, was er meint

und es

später noch weiß

Du bist´s, der Sport mag

aber mein (hoffentlich vorübergehendes)

Gramm zuviel auch

Du

mit der Liebe zum Detail

und dem Blick fürs große

Ganze

...dann bist Du der Vater unserer Kinder!

Du

bist

der

nächste dem ich

recht

zeitig

einen Brief schreiben

sollte

Liebes

gut

sind wir

an-

gespült

am gemeinsamen

Strand

des Lebens

Außergewöhnliche Wetterlage

Nebelbänke

lösen sich

auf

es hagelt

Zucker

und den Gerechten

tauen die Wolken

(nur nicht aufreg(n)en!),

worauf

Sonne folgt,

von der ich

geküsst

worden bin -

Schneeflöckchen

tanzen,

ach , - glöckchen sprießen...

Lieblingsessen

Heute

hatte ich ein Date.

Es gab Pasta.

Nudeln machen

soooooooo

glücklich!

Tribute to Udo

Ich

war

noch niemals

in

New York aber

immer

immer

wieder geht die

Sonne auf dann aber

bitte

bitte mit Sahne,

Cherie:-)

Gutes Neues Jahr

Danke,

Du hast
meinen
unbändigen
Küssens-
durst gestillt!

ungerecht II

dass es

nur einen

Montage-

Service,

keinen Dienstageservice

oder

einen für die

übrigen fünf Tage

der Woche

gibt.

Andacht II

Papa,

ich esse

einen der

letzten

Äpfel von

Deinem

Baum

Trauerfall

Dein

Auto

parkt

vor unserem Fenster

aber

ich

kann

mich

nicht

freuen

-

Du bist

nicht

da.

Leibgericht II

Couscous

ist mein

Leibgericht:

Kuss

Kuss!

Höchst paradox

Seit

Du

nicht mehr

da bist,

ist

es

bei mir

viel

grüner.

Rezept:

Backe,

Backe ,

Nase,

Kinn - da,

dort kommt

mein Küsschen hin

...und

eins

auf die Stirn, ach,

Dich hab ich

gern!